LA FRANCE

DRAMATIQUE

AU DIX-NEUVIÈME SIÉCLE

CHOIX DE PIECES MODERNES

PARIS

N. TRESSE, ÉDITEUR

Successeur de J.-N. Barba.

PALAIS-ROYAL, GALERIE DE CHARTRES, N° 2 ET 3

Derrière le Théâtre-Français.

1871

FRANCE DRAMATIQUE. — PIÈCES EN VENTE.

Abbaye de Castro, (l'), drame, 5 actes. 60
Abbé (l') Galant, vaud., 2 actes.
Agamemnon, trag., 5 a. 60
Aline Patin, vaud. 3 a. 60
Aline, reine de Golconde, op.-com.
Alix ou les deux Mères, drame, 5 actes.
Amant bourru (l'), com., 3 actes en vers.
Amans (les) Murcy, d. 5 a. 60
Ambassadrice, op-com., 3 actes. 60
À minuit, dr., 3 actes. 60
Amour (l'), vaud., 3 a. 60
Amour, l' à la Maréchale, v. 1 acte. 60
André Chénier, dr., 3 a. 1 »
Angèle ou la Chambrière, vaud., 1 a. 60
Anglaises pour rire (les) vaudeville, 1 acte. 60
Angelo, dra. 5 a. Dumas. 60
Angelo, dr., 3 actes. 60
Angelus (l') dr., 5 a. 60
Aniela, dr., 3 actes. 60
Antony, dr., 5 a. Dumas. 80
Anneau de la Marquise (l'), v., 1 cte. 60
Aristocraties (les) com., 5 actes en vaud. 1 »
Artiste 213 (l') vaud., 1 a. 60
Assemblée de Famille, (l'), c., 5 a., en vers. 60
Auberge des Adrets (l'), drame, 3 actes. 60
Avant, Pendant et Après, v., 3 actes. 60
Avocat de sa cause (l') com., 1 acte, en vers. 1 »
Bal masqué (le), op. 5 a. 1 »
Bambocheurs (les) vaud., 1 acte. 60
Barbier de Séville, (le) op.-c., 4 actes. 1 »
Barbier de Séville (le), comédie, 4 act. 30
Barbier (le) de Séville, c., op. 4 a. 1 »
Barcarolle (la), op.-com., 3 actes. 60
Bataclan, opérette, 1 a. 1 »
Bayadères de Pitiviers (les) vaud., 3 actes.
Béatrix, drame, 3 act. 60
Beau-Père (le), v., 1 a. 60
Bélisario, vaude., 2 act. 60
Belle aux cheveux d'or, (la) féerie, 5 actes.
Belle Bourbonnaise (la) drame, 5 actes. 60
Belle Écaillère (la), dr., 3 actes. 60
Belle et la Bête (la), vaud. en 2 actes. 60
Belle Mère (la) et le Gendre, com., 3 actes. 60
Belle Sœur (la), c., 2 a. 60
Bénéficiaire (le), v., 5 a. 60
Bertrand l'horloger, c., vaud., 2 actes. 60
Bertrand et Raton, c., 5 actes. 60
Bribis le Masourkiste, vaud., 1 act, 1 »
Bœuf gras, (le) vaud., 1 a. 60
Bohémiens de Paris (les) 60
Bohémienne de Paris (la), dr. 5 act.
Bonaparte à l'école de Brienne. c.-v., 3 actes 60
Bonhomme Job (le) vaud, 3 act. 60
Boulangère a des écus (la), vaud., 2 actes. 60
Bourgeois de Gand (le), drame, 5 actes. 1 »
Bourgeois grand seigneur (le), com., 5 a. 60
Souffleur (le) et le Tailleur, opér.-com., 1 acte. 1 »

Bourgmestre de Saardam (le), v., 2 actes. 60
Bourru bienfaisant (le), com., 3 actes.
Brauche de chêne (la), drame, 5 actes. 60
Brasseur de Preston (le) op.-com., 3 actes. 60
Bruno le fileur, v., 2 a. 60
Brigitte, dr., 3 actes. 60
Brodequins de Lise (les) vaud., 1 acte. 60
Bruëis et Palaprat, c., 60
Brutus, vaud., 1 acte. 60
Budget d'un jeune ménage (le), vaud., 1 a. 60
Bureau de placement (le), vaud., 2 actes. 60
Burgraves, trilogie, 3 a. 60
Cabinets (les) particuliers, vaud., 1 acte. 60
Cachucha (la), v., 1 a. 60
Cadet Roussel, Gribouille et Ce, 1 »
Cagliostro, op.-c., 3 a. 60
Calas, drame 3 actes. 60
Caleb de Walter Sco (le) vaud., 1 acte. 60
Camaraderie (la), c., 5 a. 60
Camarade du ministre (le), com., 1 acte. 60
Camargo (la), v., 4 a. 60
Camp des croisés (le), drame, 5 actes. 60
Canaille (la), v., 3 actes. 60
Candinot, roi de Rouen, vaud., 2 actes. 60
Capitaine (le) Charlotte, com.-v., 2 a. 60
Caporal et la paysse (le) com.-vaud., 1 acte. 60
Caravage, dr., 3 actes. 60
Caylus à Rome, v., 1 acte 60
Carlo Zanti, vaud., 3 a. 60
Carmagnola, op., 2 a. 60
Carte à payer (la), v., 1 a. 60
Carte blanche, c., 1 a. 60
Cartouche, dr., 3 actes. 60
Catherine ou la Croix d'or, vaud., 2 actes. 60
Catherine II, tra., 5 a. 1 »
Catherine Howard, dr. 5 actes. Dumas. 60
Célibataire (le) et l'Homme marié, com. 3 a. 60
Cendrillon, op.-com., 3 actes. 60
C'est encore du bonheur, vaud., 3 actes. 60
C'est monsieur qui paie, vaud. 1 a. 60
C'était moi, dr., 2 a. 1 »
Chacun de son côté, com. 3 actes. 60
Chaîne électrique la), com. 2 actes. 60
Châlet (le) op.-c., 1 a. 60
Changement d'uniforme (le), vaud., 1 acte. 60
Chanoinesse (la), v., 1 a. 60
Chansons de Béranger (les), vaud., 1 acte. 60
Chantre et Choriste, v., 1 acte. 60
Charles VII, tra., 5 actes. Dumas. 60
Chatte (la) métamorphosée en femme, opérette, 1 acte. 60
Chêne du roi, tra.. 3 a. 1 »
Chevalier de Pomponne, c., 2 actes. 1 50
Chevalier (le) du temple, dr., 5 actes. 60
Chevilles de maître Adam les), c., 1 a. 60
Chiffonnier (le), v., 5 a. 60
Ci-devant jeune homme (le), v., 1 acte. 60
Circassienne (la), opér.-com., 3 actes. 1 »
Citerne d'Albi (la) dr., 3 actes. 60

Clermont ou une Femme d'artiste, v., 2 a. 60
Clotilde, drame 5 actes. 60
Cocarde tricolore la, vaud., 5 actes. 60
Code et l'Amour (le), vaud. 1 acte. 1 »
Code noir, op.-c., 3 a. 60
Coffre-fort (le), v., 1 a. 60
Coiffeur et le perruquier (le), vaud., 1 a. 60
Coin de rue (le), v., 1 a. 1 »
Colonel (le), v., 1 a. 60
Comédiens (les), dr., 5 a. 60
Comité de bienfaisance (le), com., 1 a. 60
Commis voyageur (le), vaud., 2 a. 60
Comte (le) Morcerf, dr., 5 actes, 1 »
Comte Ory, op., 3 a. 1 »
Comtesse d'Altemberg, dr., 5 actes. 60
Cente des Fées, v., 3 a. 1 »
Censeur (le), com., 3 a. 60
Contrastes (les), c., 1 a. 60
Contrebasse, vaud., 1 a. 60
Convenances d'argent (les), c., 3 actes. 60
Course à l'héritage, com., 5 actes, 60
Courte-paille (la), v., 3 a. 60
Cousin du ministre (le), vaud., 1 a. 60
Cousin (le) du roi, v., 2 a. 60
Couturières (les), v., 1 a. 60
Convent de Tonnington (le), drame, 3 a. 60
Dagobert ou la Culotte, vaud., 3 a. 60
Dame blanche (la), op.-com., 3 a. 60
Dame de Laval (la), dr., 3 actes. 60
Dame (la) de pique, opér.-com., 3 actes. 60
Dame de St-Tropez (la), drame en 5 actes. 60
Daniel-le-Tambour, v., 2 actes. 60
Débardeur (le), v., 2 a. 60
Défiance et Malice, c., 1 acte. 60
Delphine, com. 2 actes. 60
Démence (la) de Charles VI, trag., 5 actes. 60
Demoiselle à marier (la), vaud., 1 acte. 60
Dernier amour (le), v., 3 actes. 60
Dernier banquet de 1848, rev., 3 actes. 60
Dernier marquis (le), dr. 5 actes. 60
Dette à la Bamboche, com.-vaud., 2 actes. 60
Deux Anglais (les), c., 3 actes. 1 »
Deux Compagnons du Tour de France, v. 2 a. 60
Deux Dames au violon, vaud., 1 a. 60
Deux Edmond (les), v., 2 actes. 1 »
Deux Favorites, v., 2 a. 60
Deux Forçats (les), dr., 3 actes. 60
Deux Frères (les), c., 4 actes. 60
Deux Gendres (les), com., 5 a. 1 »
Deux Jaloux (les), op.-com., 1 a. 1 »
Deux Maris (les) v., 1 a. 60
Deux Ménages (les), c., 3 actes. 60
Deux Normands, v., 1 a. 60
Deux papas très-bien, v., 1 acte. 60
Deux Philibert (les), com., 3 a. 60
Deux Sœurs, dr., 3 a. 60
Deux Systèmes (les) v., 2 actes. 60

Deux voleurs, op.-c., 1 acte. 60
Diable à quatre (le), v., 3 actes. 60
Diamant (le), v., 2 a. 60
Diamans de la couronne, opéra-com., 3 a. 60
Dîner de Madelon (le), vaud., 1 a. 60
Diplomate (le), v., 2 a. 1 »
Dix (les), op.-com., 1 a. 60
Dix ans de la vie d'une femme, dr., 5 a. 60
Docteur Robin (le), v., 1 acte. 60
Dominique ou le possédé, com., 3 a. 60
Domino noir (le), op.-c., 3 actes. 60
Don César de Bazan, dr., 5 actes. 60
Don Grégorio, op.-c., 3 a. 1 f.
Don Juan d'Autriche, com., 5 actes. 1 »
Don Sébastien de Portugal, opéra, 5 a. 1 »
Don Pasquale, op., 3 a. 1 »
Duc d'Olonne, op.-c., 3 actes. 60
Duchesse de Marsan, dr., 5 actes. 1 »
Duel (le) et le Déjeûner, vaud., 1 acte. 60
Éclair (l'), op.-c., 3 a. 1 »
École (l') des princes, com., 5 actes. 60
École des Vieillards (l'), com., 5 actes. 1 »
Économies de Gabochard et Sous Clé. 60
Édouard et Clémentine, vaud., 3 actes. 60
Éléphant (l') du roi de Siam dr.-v., 3 actes 60
Élève de Saumur (l'), vaud., 1 acte. 60
Élisabeth, op.-com., 3 a. 1 »
Elle est folie, v., 3 a. 60
Embarras du choix (l'), vaud., 1 a. 60
Enfant chéri des Dames, vaud., 2 a. 60
Enfant (l') du régiment, dr., 5 actes. 1 »
Enfants d'Edouard (les), trag., 5 a. 60
Enfant trouvé (l'), c., 3 actes. 60
Enseignement mutuel (l'), vaud., 1 acte. 60
Entre l'arbre et l'écorce, vaud., 1 acte. 60
Épreuve (l') avant la lettre, com., 1 acte. 1 »
Espion (l') du grand monde, dr., 5 actes. 1 »
Espionne russe (l'), v., 3 actes. 1 »
Est-ce un rêve? v., 2 a. 60
Estelle, vaud., 1 a. 60
Étourdis (les), c., 3 a. 60
Étudiants (les), dr., 5 a. 60
Eulalie Pontois, drame, 3 actes. 60
Eustache, v., 1 a. 60
Facteur (le), dr., 5 a. 60
Famille Glinet (la), c., 5 actes. 60
Famille improvisée (la), vaud., 1 acte. 60
Famille Riquebourg (la), vaud., 1 a. 60
Fanchonnette (la), op.-com., 3 actes. 1 »
Fanfan le bâtonniste, vaud., 2 a. 60
Farruck le Maure, dr., 5 actes. 60
Faublas, vaud., 5 actes. 60
Favorite (la), op., 4 a. 1 »
Femme de 40 ans, com., 3 actes. 60
Femme jalouse (le), c., 5 actes. 60

Fénélon, trag., 5 a. 60
Ferme de Bondy (la). vaud., 4 a.
Festin de pierre (le., com., 5 a.
Feu Peterscott, v., 2. a. 60
Fiancée (la), op.-c., 3 a.
Fiancée de Lammermoor (la), dr., 3 a. 60
Fille de Dominique (la), vaud., 1 a. 60
Fille du Cid (la), trag., 5 actes. 1 »
Fille du musicien (le), drame, 3 a.
Fille d'un voleur (la), vaud., 1 a.
Fille du tapissier (la), com., a.
Filles (les) sans dot, c., 3 actes.
Fin du Monde (la), revue 1848.
Floridor le Choriste, com., 2 a.
Foire St-Laurent (la), vaud., 1 a.
Folle de la cité, dr., 5 a.
Frascati, vaud., 3 a.
Fra-Diavolo, op.-c., 3 actes. 60
Françoise et Francesca, vaud., 3 a. 60
Frédégonde et Brunehaut, trag., 5 a. 60
Frère et mari, op.-c. 60
Frères à l'épreuve (les), drame 5 a. 1 »
Gabrina, dr., 5 a. 60
Gaétan il Mammone, drame 5 a. 60
Gamin de Paris, v., 2 actes. 60
Gardeuse de dindons, vaud., 2 a. 60
Gardien (le), v., 2 a. 60
Gaspardo le pêcheur, drame, 5 a. 60
Gendre d'un millionnaire (le), c., 5 a. 60
Geneviève la blonde, vaud., 2 a. 60
Georges et Maurice, vaud., 2 a. 60
Glenarvon ou les Puritains, dr., 5 a. 60
Grâce de Dieu (la), dr., 5 actes. 60
Grande Dame (la), dr., 2 actes. 60
Guerre des servantes, drame, 5 a. 60
Guillaume Colmann, d., 5 actes. 60
Guido et Ginevra, op., 5 actes. 1 »
Guillaume Tell, gr.-op. 5 actes. 1 »
Gustave III ou le Bal, grand-opéra, 5 a. 60
Héloïse et Abeilard, d., 5 actes. 60
Henri Hamelin, vaud., 3 actes. 60
Henri III et sa cour, d., 5 actes. 1 »
Héritage du mal (l'), drame 4 a. 60
Héritière (l'), comédie, 5 actes. 60
Héritière (l'), v., 1 a. 60
Héritiers ou le Naufrage (les), c., 1 a. 60
Héroïne de Montpellier (l'), drame, 5 a. 60
Hernani, drame, 5 actes. 60
Heur et Malheur, v., 1 acte. 60
Homme au masque de fer (l'), dr., 5 a. 60
Homme blasé (l'), v., 2 actes. 60
Homme de soixante ans, (l'), vaud., 1 a. 60

LE MISANTHROPE

ET L'AUVERGNAT,

COMÉDIE EN UN ACTE, MÊLÉE DE COUPLETS,

PAR

MM. LUBIZE, LABICHE ET SIRAUDIN,

Représentée avec le plus grand succès sur le théâtre du Palais-Royal, le 19 août 1852.

DISTRIBUTION DE LA PIÈCE.

CHIFFONNET, rentier	MM. SAINVILLE.
MACHAVOINE, auvergnat, porteur d'eau	BRASSEUR.
COQUENARD, ami de Chiffonnet	LHÉRITIER.
Mme COQUENARD	Mmes PAULINE.
PRUNETTE	DUPUIS.
INVITÉS, DEUX DOMESTIQUES, PERSONNAGES MUETS.	

La scène se passe à Paris, chez Chiffonnet.

Un salon. — Porte au fond. — Portes latérales. — Une fenêtre. — Des tables de jeu préparées à droite et à gauche.

SCÈNE I.

PRUNETTE, à la cant

Vous n'y êtes pour personne ! bien ! Monsieur !.. (Au public.) En voilà un bourgeois sauvage et désagréable !... Ordinairement les vieux garçons .. c'est un tas de farceurs... mais celui-là, il vit tout seul, dans des endroits noirs, comme un colimaçon !... Dans ce moment, il se rase... en se rasant, il se coupe... et, pour arrêter le sang, il cherche des toiles d'araignées... il n'en trouve pas, et alors il bougonne... Ah ! et puis il a encore un autre tic... quand il a fini sa barbe... il va se recoucher, et il se lève tard, très tard, afin, dit-il, de contempler moins longtemps ses semblables... Tiens, à propos de semblables... j'ai oublié d'acheter du mouron pour le serin à monsieur... le seul être qu'il aime ici-bas... Je vais lui donner du sucre.... (Elle prend un morceau de sucre et le donne au serin, dans la cage appendue près de la fenêtre.) Tiens... petit !... petit !... (On sonne.) Ah ! c'est lui... il sonne (Nouveau coup de sonnette très violent.) Il grince !... Je reconnais ça à la sonnette.. Ma foi !... gare la sauce !... je me sauve !...

(Elle sort.)

SCÈNE II.

CHIFFONNET, seul.

(La scène reste un moment vide. Chiffonnet paraît à gauche. Il a une bande de taffetas d'Angleterre sur la figure, tient un rasoir à la main et porte un pet en-l'air Il est sombre, et s'avance jusque sur la rampe sans parler.

Mon coutelier m'a dit que ce rasoir couperait... et ce rasoir ne coupe pas !... (Avec amertume.) Et l'on veut que j'aime le genre humain ! Pitié ! pitié ! Oh ! les hommes !... je les ai dans le nez !...

AIR de l'Incognito.

Un rat faisant profession de sage,
　A dit un poète savant,
　Se rotira dans un fromage.
Si je pouvais hélas ! en faire autant,
　Mais de ces exemples si sages
　Comment pourrais-je me servir ?
Car les humains, ainsi que les fromages,
　Je n' peux pas les sentir.

Oui, tout en ce monde n'est que mensonge, vol et fourberie ! Exemple ! hier, je sors... à trois pas de chez moi, on me fait mon mouchoir... J'entre dans un magasin pour en acheter un autre... Il y avait écrit sur la devanture : English spoken... et on ne parlait que français ! (Avec amertume.) Pitié ! pitié !... Il y avait écrit : Prix fixe... je marchande... et on me diminue neuf sous !... Infamie !... Je paie... et on me rend... quoi ? une pièce de quatre sous pour une de cinq !... Et l'on veut que j'aime le genre humain... non ! non !... non !.. Tout n'est que mensonge, vol et fourberie !... Aussi, j'ai conçu un vaste dessein... J'ai des amis, des canailles d'amis, qui, sous prétexte que c'est aujourd'hui ma fête, vont venir m'offrir leurs vœux menteurs. Je leur ménage une petite surprise... un raoût... une petite fête Louis XV avec des gâteaux de l'époque et des rafraîchissements frelatés comme leurs compliments. Je leur servirai du riz au lait sans lait... et sans riz !... A minuit, je monte sur un fauteuil et je leur crie : Vous êtes tous des gueux ! j'ai assez de vos grimaces ! fichez-moi le camp !... Et quand ils seront partis, je brûlerai du vinaigre !!! (Grelottant.) Brrr !... je me refroidis dans ce costume... J'ai mal dormi... J'ai fait des rêves atroces... j'ai rêvé que j'embrassais un notaire et trois avoués !.. puah !... (Ouvrant son sucrier.) C'est la bile qui me tourmente. (Renversant les morceaux de sucre sur la table.) Ah !.. je reconnais bien là les enfants des hommes... J'en ai laissé cinq morceaux et je n'en retrouve plus que quatre !... Où est le cinquième ?... Avec mon portefeuille, sans doute... un portefeuille nourri de quatre billets de mille... Je l'ai égaré dans l'appartement ou dans l'escalier... et immédiatement je me suis parié un cigare qu'on ne me le rapporterait pas... Eh bien ! j'ai gagné !.. Triste ! triste ! Bah ! je vais me recoucher. (Il se dirige vers sa chambre, puis revient tout à coup.) Non !... avant j'ai envie de mettre tous mes domestiques à la porte !.. Je les ai depuis cinq jours... il faut en finir !

(Il agite une sonnette.)

SCÈNE III.

CHIFFONNET, puis DEUX DOMESTIQUES, puis PRUNETTE.*

UN DOMESTIQUE, paraissant à droite.
Monsieur ?

CHIFFONNET, avec douceur
Approche, mon ami, approche.

LE DOMESTIQUE, à part.
Tiens ! il a l'air de bonne humeur !

CHIFFONNET.
Regarde-moi... Comment me trouves-tu, ce matin ?

LE DOMESTIQUE.
Ah ! monsieur est frais comme une rose !...

CHIFFONNET, éclatant.
Tu mens !... je suis jaune ! je suis fané ! Je suis glauque... va-t-en ! je te chasse

LE DOMESTIQUE.
Mais, monsieur !

CHIFFONNET.
Va-t-en, misérable ! (Le domestique se sauve à droite.) (Seul.) frais comme une rose !.. et l'on veut que j'aime le genre humain ! A l'autre maintenant !

(Un second domestique paraît au fond.)**

CHIFFONNET.
Approche, mon ami, approche... Bastien, tu es un honnête homme, toi... un bien honnête homme !... réponds-moi franchement : si je me mariais, crois-tu que je serais...

LE DOMESTIQUE.
Oh ! non, monsieur !...

CHIFFONNET.
Pourquoi ?

LE DOMESTIQUE.
Dam !... parce que... parce que... monsieur est si aimable !...

CHIFFONNET.
Ah ! très bien !

LE DOMESTIQUE, à part.
Il est flatté !

CHIFFONNET.
Mon ami... hier, en me promenant au jardin des Plantes, j'ai laissé tomber une épingle dans la fosse de l'ours Martin... va mé la chercher !...

LE DOMESTIQUE, stupéfait.
Moi ?...

CHIFFONNET.
Je te défends de remettre les pieds ici sans l'épingle !

LE DOMESTIQUE.
Alors, vous me chassez ?

* Chiffonnet, le domestique.
** Le domestique, Chiffonnet.

CHIFFONNET.

Je ne te chasse pas... je t'envoie chercher une épingle... va!... ah! envoie-moi Prunette!... (Le domestique sort.)

CHIFFONNET, seul.

Cette bonne Prunette?... j'éprouve le besoin de causer aussi avec elle!...

PRUNETTE entrant. *

Vous me demandez, monsieur ?

CHIFFONNET, avec douceur.

Oui... approche, ma petite Prunette, approche!...

PRUNETTE, avançant.

Me voilà, monsieur.

CHIFFONNET.

Je t'ai fait venir pour te dire que je ne faisais pas un cas énorme de toi!...

PRUNETTE.

Comment ?...

CHIFFONNET.

Entre nous, tu es douée de pas mal d'hypocrisie, de fausseté, de mensonge !

PRUNETTE.

Mais !...

CHIFFONNET.

Tu manges mon sucre, tu te plonges dans mes confitures... et tu me fabriques des filets au vin de Madère avec du Suresne !...

PRUNETTE.

Ah! par exemple!...

CHIFFONNET.

Mais, je ne t'en veux pas... au contraire... ça me fait plaisir... aussi je te garderai à mon service... toujours !

PRUNETTE.

Monsieur est bien bon!

CHIFFONNET.

Non, je ne suis pas bon !... je te garde, pour avoir près de moi un échantillon de tous les vices, de toutes les gredineries !

PRUNETTE.

Mais, monsieur !...

CHIFFONNET.

Et si par hasard j'avais la faiblesse de mollir... de croire à la bonne foi... eh, bien ! tu serais là... près de moi... comme un bec de gaz pour m'éclairer !...

PRUNETTE.

Un bec!

CHIFFONNET.

Voilà, ma bonne Prunette, ce que j'avais à te dire... maintenant, tu peux retourner à ta cuisine, reprendre le cours de ton exploitation !...

PRUNETTE, à part.

Est-y assez baroque, cet homme-là... ah si la place n'était pas si bonne !...

(Elle sort à droite.)

* Chiffonnet, Prunette.

SCÈNE IV.

CHIFFONNET puis **COQUENARD.** *

CHIFFONNET, tirant sa montre.

Midi... je vais aller me recoucher.

COQUENARD, à la cantonnade.

Il faut que je lui parle... je n'ai qu'un mot à lui dire !... ah! le voilà !

CHIFFONNET, à part.

Coquenard !... que le diable l'emporte !

COQUENARD.

Bonjour ! cher ami!

CHIFFONNET, à part.

Cher ami ! (Haut.) Bonjour, Coquenard !...

COQUENARD.

Nous avons reçu votre lettre d'invitation pour ce soir... on dit que ce sera charmant !

CHIFFONNET.

Je le crois .. il y aura une surprise!

COQUENARD.

Ah! bah!... à quelle heure?

CHIFFONNET.

A minuit. (A part.) Quand je les flanquerai à la porte !

COQUENARD.

C'est délicieux !... madame Coquenard se fait une fête!

CHIFFONNET.

Ah ! madame Coquenard se fait?... Savez-vous qu'elle est très jolie, votre femme!...

COQUENARD.

Ah! pas mal !...

CHIFFONNET, s'animant.

C'est-à-dire qu'elle est ravissante!... des cheveux !... des yeux !... une taille!... Est-elle vertueuse?

COQUENARD, ébahi.

Plaît-il? Ah ! ça, vous plaisantez !

CHIFFONNET.

Écoutez donc, nous avons énormément de femmes qui ne sont pas vertueuses !

COQUENARD.

A Paris ?

CHIFFONNET.

Non !... en Chine!

COQUENARD, à part et inquiet.

Pourquoi me dit-il ça? (Haut.) Chiffonnet... auriez-vous appris quelque chose?

CHIFFONNET.

Moi ?... rien, si cela était... je vous le dirais!...

COQUENARD.

Ce serait d'un ami !... d'un véritable ami .. Ce bon Chiffonnet!... Que je suis donc content de vous revoir !...

CHIFFONNET, à part.

Il me caresse ! il va me demander quelque chose !...

COQUENARD.

A propos ! j'ai compté sur vous pour me rendre un petit service !

CHIFFONNET, à part.

Voilà !... Ça y est !...

COQUENARD.

J'ai besoin de quatre mille francs pour un mois... Figurez-vous que j'ai découvert ce matin un cheval qui vaut de l'or... je compte le faire courir à Chantilly... mais dans ce moment, je ne suis pas en argent comptant, et j'ai pensé à vous !...

AIR de Lantara.

Quand la sainte amitié nous lie,
Repousseriez-vous ses accents ;
Un ami, c'est un parapluie
Qu'on retrouve dans tous les temps,
Et surtout dans les mauvais temps.

CHIFFONNET, à lui-même.

L'image me semble jolie,
Mais mon rôle est très affligeant,
Car moi, je recevrais la pluie,
El lui recevrait mon argent.

(Haut et parlé.)

Coquenard, comment me trouvez-vous ce matin ?

COQUENARD, à part.

Pauvre bonhomme !... il se frappe ! (Haut.) Voulez-vous que je vous parle franchement... vous êtes frais comme un jeune homme !...

CHIFFONNET.

Merci !... (A part.) Canaille !... Canaille !...

COQUENARD.

Avez-vous là ces quatre mille francs?

CHIFFONNET.

Non... j'attends une rentrée. . revenez dans une heure !...

COQUENARD.

Merci... vous êtes charmant... mais quelle mine !... Tenez !... vous vivrez cent ans !

(Il sort vivement.)

SCÈNE V.

CHIFFONNET, puis PRUNETTE.

CHIFFONNET, seul. *

Cent ans pour quatre mille francs !... Canaille !... Canaille !... (A Prunette, qui paraît.) Monsieur Coquenard reviendra dans une heure... tu lui diras que je suis à Strasbourg.

* Chiffonnet, Prunette.

PRUNETTE.

Bien, monsieur !...

CHIFFONNET, rentrant dans sa chambre.

Canaille !... Canaille !...

SCÈNE VI.

PRUNETTE, puis MACHAVOINE.

PRUNETTE.

A Strasbourg !... eh bien ! et sa soirée ? (Machavoine paraît au fond. — Costume de porteur d'eau. Il tient des seaux et baragouine l'auvergnat.)

MACHAVOINE.

Le bourgeois Chiffonné... ch'il vous plaît ?

PRUNETTE.

Comment ! monsieur Machavoine, vous entrez dans le salon avec vos seaux ?

MACHAVOINE.

Eh bien ! quoi... je chuis porteur d'eau .. je ai mes seaux et je crie : A l'eau... Oh !

AIR nouveau.

A l'eau,
C'est mon refrain,
Mon gagne pain.
A l'eau,
Oh ! oh ! oh !
A l'eau.

PREMIER COUPLET.

On fait fortune à sa manière,
C'est à qui sera l' plus malin,
Moi, c'est le long de la rivière
Que je veux faire mon chemin !
A l'eau, etc.

DEUXIÈME COUPLET.

Un homme comme moi porte à la ronde
Chez l' riche et l' pauvre... C'est certain,
D' l'eau... j'en fournis à tout le monde,
J'en fournis même au marchand de vin !
A l'eau, etc.

(Il dépose ses seaux.)

PRUNETTE, à part.

Ces Auvergnats !... C'est-y bien bâti !... (Haut.) Eh bien ! quoi que vous voulez ?... voyons ?

MACHAVOINE.

Je veux parler au bourgeois... pour des affaires à part...

PRUNETTE.

Un secret ?

MACHAVOINE.

Oui !...

PRUNETTE.

Qu'est-ce que c'est ?...

MACHAVOINE.

Je chuis venu pour lui dire...

* Prunette, Machavoine.

SCÈNE VII.

PRUNETTE.

Pour lui dire?

MACHAVOINE.

Que la rivière, il passait toujours sous le Pont-Neuf. (Riant.) Hi ! hi !...

PRUNETTE.

Ah ! qu'il est bête !... eh bien ! vous ne le verrez pas, le bourgeois... y dort !...

MACHAVOINE. *

Y dort !... je vas le réveiller ! (Il s'approche, frappe à la porte de Chiffonnet et crie :) A l'eau... oh ! à l'eau.. oh !...

PRUNETTE.

Qu'est-ce qu'il fait là !... Monsieur Chiffonnet !... je me sauve !... (Elle sort.)

SCÈNE VII.

MACHAVOINE, CHIFFONNET. **

CHIFFONNET, sortant de sa chambre.

Quel est l'animal?... Le porteur d'eau ! C'est toi qui m'as réveillé, imbécile ?

MACHAVOINE. ***

A midi !... Faut-il que vous soyez feignant !

CHIFFONNET.

Voyons... que veux-tu ?

MACHAVOINE.

C'est-y pas vous qu'aureriez perdu quéque chose?

CHIFFONNET.

Oui... moi.

MACHAVOINE.

Là où t'est-ce ?...

CHIFFONNET.

Dans mon escalier, je crois.

MACHAVOINE, tirant un portefeuille de sa poche.

Après?

CHIFFONNET.

Un portefeuille !

MACHAVOINE, cachant le portefeuille.

Quelle couleur?

CHIFFONNET.

Rouge!..

MACHAVOINE.

Contenant?

CHIFFONNET.

Quatre billets de mille !

MACHAVOINE.

C'est bien à vous... V'là le maroquin ; maintenant, je n'ai plus rien à vous dire, bonsoir... reprend ses seaux et se dirige vers la porte.)

CHIFFONNET, à part, stupéfait

C'est prodigieux !... Tiens ! je me dois un cigare ! (Apercevant Machavoine qui s'en va.)

* Machavoine, Prunette.
** Chiffonnet, Machavoine.
*** Machavoine, Chiffonnet.

Eh bien ! où va-t-il donc ? (L'appelant.) Eh porteur d'eau !

MACHAVOINE.

Bourgeois ?

CHIFFONNET.

Tu oublies la petite récompense.
(Il fouille à sa poche.)

MACHAVOINE.

Une récompense... A cause de quoi ?

CHIFFONNET.

Parce que tu me rapportes quatre mille francs !

MACHAVOINE.

Pour ça !... Allons donc !... ça n'est pas assez lourd... Ah ! si c'était de la ferraille !... mais de l'argent ! fichtra ! ça fait plaisir à rapporter pour rien !...

CHIFFONNET, froidement.

Oui... oui .. (A part.) C'est pour avoir davantage... Je connais cette ficelle-là. (Haut.) Tiens ! voilà quarante francs !

MACHAVOINE, se fâchant.

Rentrez ça !... Les enfants de l'Auvergne !... ils sont des honnêtes gens !...

CHIFFONNET.

Cent francs !

MACHAVOINE, avec colère.

Rentrez ça !

CHIFFONNET.

Mille !

MACHAVOINE.

Assez !... Vous pourriez me tenter !... et alors, je vous aplatirais... comme une limande, fichtra !...

CHIFFONNET.

Quelle sainte indignation !... Comment t'appelles-tu ?

MACHAVOINE.

Machavoine.

CHIFFONNET.

Machavoine, tu es sublime !

MACHAVOINE, indigné.

Sublime vous-même, fichtra !

CHIFFONNET.

Calme-toi !

MACHAVOINE.

Ah ! c'est que je suis franc... je ne sais pas mentir, moi !...

CHIFFONNET, prenant les seaux de dessus les épaules de Machavoine et les mettant sur les siennes.

Tu ne sais pas mentir !... Machavoine, comment me trouves-tu ce matin ?

MACHAVOINE.

Je vous trouve laid !...

CHIFFONNET.

Très bien !... Si je me mariais... crois-tu que je serais ?

MACHAVOINE.

Oh ! ça... tout de suite !...

CHIFFONNET, s'épanouissant.

Enfin, en voilà un !... Ah ! ça fait du bien !... ça repose !... (Il pose les seaux à droite.) On a bien raison de dire que la vérité habite un puits... mais, sans les porteurs d'eau, elle y resterait !... Cause-moi... Machavoine, cause-moi ?

MACHAVOINE.

Je n'ai pas le temps... Et mes pratiques ?

CHIFFONNET, à part.

Ah ! quelle idée ! je conçois un vaste dessein ! (Haut) Ecoute-moi, bon Savoyard...

MACHAVOINE.

Auvergnat.

CHIFFONNET.

Auvergnat, ça m'est égal !... Que gagnes-tu à porter ainsi de l'eau chez tes contemporains !...

MACHAVOINE.

Je gagne de trente à trente-et-un sous par jour...

CHIFFONNET.

Et ça te suffit pour vivre ? Oh ! frugalité, frugalitas ! (A Machavoine.) Homme des temps antiques ! j'ai besoin d'un ami... Veux-tu devenir le mien ?... je te donnerai cinq francs par jour... et nourri !...

MACHAVOINE.

Cinq francs ! fichtra ! (Déposant ses seaux.) Qu'est-ce que j'aurai à faire ?...

CHIFFONNET.

Tu me diras la vérité... toute la vérité, rien que la vérité...

MACHAVOINE.

C'est un métier de feignant !

CHIFFONNET.

Oh ! pas tant que tu le crois !... il y a de l'ouvrage. Tu te mettras à l'affût... et dès qu'un mensonge paraîtra dans cette maison... paf ! tu tireras dessus... sans pitié !

MACHAVOINE.

Qué drôle d'état !... Et si c'est vous qui mentez ?..

CHIFFONNET.

Raison de plus, tu tireras à mitraille !.. Ainsi, c'est convenu !... touche là !...

MACHAVOINE.

C'est convenu !... Un instant !... vous pouvez t'être un filou !...

CHIFFONNET, à part.

Il me traite de filou !... Il est charmant ! (Haut.) Continue...

MACHAVOINE.

Une supposition que dans huit jours vous me flanquiez à la porte... comme une écaille d'huître ?

CHIFFONNET.

Jamais !...

MACHAVOINE.

J'aurais perdu mon état, mes pratiques... Tenez. . décidément, j'aime mieux porter mon eau ! (Il remonte.)

CHIFFONNET.

Arrête... cruel Machavoine !... Veux-tu que je me lie par une parole d'honneur ?

MACHAVOINE.

Oh ! oh ! les paroles d'honneur... c'est comme la neige... ça fond devant le soleil !...

CHIFFONNET, avec enthousiasme.

J'aime ce souverain mépris des hommes !... Alors, faisons un bail de trois, six ou neuf !...

MACHAVOINE.

A mon choix.

CHIFFONNET.

Soit...

MACHAVOINE.

A la bonne heure !

CHIFFONNET, à part.

Je le tiens !   (Il se met au bureau et écrit.)

MACHAVOINE.

C'est bien cent sous que vous avez dit ?

CHIFFONNET.

Oui... et de plus, je stipule un fort dédit...

MACHAVOINE.

Six cents francs !

CHIFFONNET.

Ce n'est pas assez... Trente mille francs !

MACHAVOINE.

Fichtrà !

CHIFFONNET, à part.

Il ne pourra plus m'échapper (haut) et je signe ! (Lui présentant la plume.) A ton tour !...

MACHAVOINE.

Minute.

(Il s'assied, prend le papier et le parcourt.)

CHIFFONNET.

Tu te méfies de moi ?

MACHAVOINE.

Ce n'est pas que je me méfie. . Mais je regarde si vous avez mis les cent sous...

CHIFFONNET.

Il est plein de rondeur !

MACHAVOINE.

Ça y est ! je signe ! (Il signe !)

CHIFFONNET, à lui-même.

AIR : Ambroise ou voilà ma journée.

Oui, cet homme, je me l'attache
Comme un chien qu'on garde à l'attache.

MACHAVOINE, montrant son papier.

Moi, je ne désire plus rien,
Je suis riche, voilà mon bien.

Chiffonnet, Machavoine.

CHIFFONNET.

Maintenant cet homme est mon bien.
On voit tant de gens, ô sottise,
Payer cher le mensonge... Eh bien !
Je viens d'acheter la franchise ;
Oui, je la tiens,
Oui, je la tiens !

MACHAVOINE.

Ma fortune, il faut que je le dise,
Oui, je la tiens !

ENSEMBLE.

Oui, je la tiens !

SCÈNE VIII.

Les Mêmes, PRUNETTE. *

PRUNETTE.

Monsieur !

CHIFFONNET.

Qu'est-ce que c'est ? Je n'aime pas qu'on me dérange quand je suis avec mon ami.

PRUNETTE. **

Le porteur d'eau ?...

CHIFFONNET.

Apprenez, mademoiselle Prunette, que cet homme n'est plus un porteur d'eau... Je l'ai élevé au grade d'ami !... fichtrà !

MACHAVOINE.

Oui !... à raison de cent sous par jour et nourri... A propos, combien de plats ?

CHIFFONNET.***

Écoute les comptes de la cuisinière et tu le sauras !

MACHAVOINE.

Oh !... Avant, je suis franc, moi... avant, je vas vous demander une chose !

CHIFFONNET.

Parle !

MACHAVOINE.

Je voudrais te tutayer comme tu me tutaies !...

CHIFFONNET.

Je n'osais pas te l'offrir... Tutoie-moi, fichtrà !...

MACHAVOINE.

Oh ! merci !...

CHIFFONNET, à Prunette.

Vos comptes, Prunette !...
(Il s'assied à son bureau, et Machavoine s'assied à gauche.)

PRUNETTE, lisant son livre de dépense.

Pain... trois francs.

CHIFFONNET.

Trois francs de pain !

* Chiffonnet, Prunette, Machavoine.
** Prunette, Chiffonnet, Machavoine.
*** Prunette, Machavoine, Chiffonnet.

PRUNETTE.

Il est r'augmenté.

MACHAVOINE, à part.

Hein ? r'augmenté !

PRUNETTE.

Pot au feu... sept francs cinquante centimes.

CHIFFONNET.

Sept francs cinquante centimes de pot au feu !

MACHAVOINE.

Bigrà !

PRUNETTE.

Il est r'augmenté !

CHIFFONNET.

Le pot ?

PRUNETTE.

Non.

CHIFFONNET.

Le feu ?

PRUNETTE.

Non... la viande !... Choux et légumes, quarante sous... Poulet, dix francs.

MACHAVOINE, se levant et éclatant.

C'est trop fort !... Mille-fichtrà de bigrà !

CHIFFONNET et PRUNETTE.

Quoi donc ?

MACHAVOINE.

Le pain n'est pas augmenté ! la viande non plus !... Quant au poulet... j'étais chez la marchande .. Vous l'avez payé cent sous.. ah !

PRUNETTE, bas à Machavoine.

Taisez-vous donc !

MACHAVOINE.

Non ! non ! non ! Pourquoi que vous volez ce brave homme ?

PRUNETTE.

Ce n'est pas vrai !

MACHAVOINE, menaçant.

Ne dites pas cha !

CHIFFONNET, les séparant et prenant le milieu. *

Silence !.. . (poétiquement. Quelle admirable mise en scène ?... D'un côté la vérité... de l'autre le mensonge... et Chiffonnet au milieu... calme et serein !...

MACHAVOINE.

C'est égal... elle l'a payé cent sous !

PRUNETTE.

Oui, mais je dirai pourquoi à monsieur !...

CHIFFONNET.

Machavoine !... tu as été gigantesque,... tu as été homérique,... je t'admets à ma table,... va t'habiller !

MACHAVOINE. **

Je veux bien aller m'habiller... Mais elle ne l'a payé que cent sous !...

* Machavoine, Chiffonnet, Prunette.
** Chiffonnet, Machavoine, Prunette.

ENSEMBLE.

AIR de dom Pasquale.

MACHAVOINE.

C'est à regret que j'vous quitte,
Elle peut encor vous tromper.
Mais je vais r'venir bien vite.
Cela va bien l'attraper.

CHIFFONNET.

C'est à regret qu'il me quitte,
Elle pourrait me tromper,
Mais il reviendra bien vite,
Pour mieux encor l'attraper.

PRUNETTE.

Vraiment cet homme m'irrite,
Croire que je veux tromper,
Qu'il s'en aille donc bien vite,
Je n'irai pas l'r'attraper !

CHIFFONNET, seul.

Ce Machavoine est immense,
Quel bonheur pour mon foyer,
Il a découvert la danse,
De l'anse de son panier.

ENSEMBLE, reprise.

MACHAVOINE.

C'est à regret que je vous quitte, etc.

CHIFFONNET.

C'est à regret, etc.

PRUNETTE.

Vraiment cet homme, etc.

(Machavoine reprend ses seaux et sort.)

SCÈNE IX.

CHIFFONNET, PRUNETTE. *

CHIFFONNET.

Prunette.

PRUNETTE.

Monsieur !

CHIFFONNET.

Avance, mon enfant ! (Prunette s'approche.)
Nous filoutons donc la monnaie à papa Chiffonnet ?

PRUNETTE.

Monsieur, je vas vous dire la vérité...

CHIFFONNET.

La vérité ! (Lui caressant la joue.) Ah ! j'aime
tes mots !

PRUNETTE.

Vous m'avez dit pour la soirée...

CHIFFONNET.

Petite voleuse !

* Chiffonnet, Prunette,

PRUNETTE.

Je vois bien que monsieur veut me renvoyer !

CHIFFONNET.

Moi !... je m'en garderais bien !

PRUNETTE.

C'est que je suis une honnête fille, au
moins !...

CHIFFONNET.

Oui... oui... oui... combien as-tu à la caisse
d'épargne ?

PRUNETTE.

J'ai deux mille francs. !...

CHIFFONNET.

Charmant ! tu gagnes trois cents francs par
an... et tu n'es à mon service que depuis
huit mois ! ah ! tu me plais ! tu me réjouis,
tu es complète !

PRUNETTE.

J'ai fait un héritage !

CHIFFONNET.

Un héritage ! toi !... tiens ! voilà vingt sous
pour ton mot... j'adore tes mots ! fais m'en
d'autres ! je les paierai !...

PRUNETTE.

Je vois bien que monsieur manque de confiance en moi !...

CHIFFONNET, se tordant.

Confiance !... oh ! assez ! tu me ruinerais !...

PRUNETTE, à part.

C'est pas possible !... il a eu un coup de
marteau !

CHIFFONNET.

Tu as bien exécuté mes ordres pour ce
soir ?

PRUNETTE, hésitant.

C'est-à-dire... oui, monsieur !... (A part.)
J'ose pas lui dire !...

CHIFFONNET.

Les sirops sont-ils bien mauvais, bien
tournés ?

PRUNETTE.

Oui, monsieur !...

CHIFFONNET.

Ah ! tant mieux !... ces chers amis !.. et les
gâteaux ?

PRUNETTE.

Ils ont huit jours !...

CHIFFONNET.

C'est bien jeune... et le riz au lait ?

PRUNETTE.

Je n'ai pas mis de riz !...

CHIFFONNET.

Ni de lait ?...

PRUNETTE.

Non monsieur !

CHIFFONNET.

Alors, quest-ce que tu as mis ?

PRUNETTE.

J'ai fait une semouille au beurre!

CHIFFONNET.

Très bien!... ajoutes-y de la moutarde... quant aux bougies... de la chandelle!...

PRUNETTE.

Mais, monsieur?...

CHIFFONNET.

Qu'est-ce que ça te fait!... tu me la compteras comme de la bougie!... eh! eh! petite truande!.. petite ribaude... adieu, petite cour des Miracles, adieu!   (Prunette sort.)

SCÈNE X.

CHIFFONNET, MACHAVOINE. *

MACHAVOINE, parlant à la cantonnade; il est endimanché.

Viens-y donc, méchant gringalet de quatre sous, viens-y donc!

CHIFFONNET.

Machavoine!.. quelqu'un t'aurait-il manqué?

MACHAVOINE.

C'est le portier... je passe devant sa loge... et je l'entends qu'il dit au tambour de la garde nationale, monsieur Chiffonnet ne demeure plus ici!...

CHIFFONNET.

Oui, c'était convenu!

MACHAVOINE.

Alors, moi je suis couru après le tambour... et je lui ai dit: si, qu'il y demeure, fichtrà!...

CHIFFONNET, à part.

Maladroit! **

MACHAVOINE.

Donnez-moi son billet de garde... je vas y porter!...

CHIFFONNET.

Comment!

MACHAVOINE.

Il n'a pas voulu!...

CHIFFONNET, avec joie.

Ah!...

MACHAVOINE.

Il m'a dit: que ça ne le regarde pas... ça regarde le sergent major... alors, moi, je suis couru chez le sergent major...

CHIFFONNET.

Allons, bon!...

MACHAVOINE.

J'y ai conté la frime... (Triomphant.) Et v'là ton billet de garde!... c'est pour demain!...

* Machavoine, Chiffonnet.
** Chiffonnet, Machavoine.

CHIFFONNET, prenant le billet.

Merci!... bien obligé! (Tristement.) Me voilà de garde demain!...

MACHAVOINE.

On dirait que ça ne te fait pas plaisir.

CHIFFONNET.

Mais, grand nigaud, tu ne comprends pas que c'est moi qui avais recommandé au portier!...

MACHAVOINE.

Un mensonge!... Ah! Chiffonnet!... ça n'est pas bien!...

CHIFFONNET.

Oh! un mensonge!...

MACHAVOINE.

Tu m'as dit de tirer dessus et j'ai tiré dessus!

CHIFFONNET.

Certainement... certainement! (A part.) Je trouve qu'il va un tantinet loin. (Haut.) Je vais m'habiller, donne-moi mon habit!... sur cette chaise.

(Il ôte son pet-en-l'air et reste en bras de chemise.)

MACHAVOINE, qui a été chercher l'habit, l'aperçoit et éclate de rire.) *

Oh! oh!... fichtra de la Catarina!

CHIFFONNET, regardant autour de lui.

Qu'est-ce qu'il a? **

MACHAVOINE.

Ah! ben, en voilà un porrichinelle qu'est mal bâti!...

CHIFFONNET.

Hein?

MACHAVOINE, tournant autour de lui.

Comme c'est fichu!... fichtra de la Catarina!...

CHIFFONNET, à part.

Ah! mais... il est embêtant! (Haut.) Voyons, cet habit?... Serre d'abord la boucle de mon gilet!..

MACHAVOINE.

Oh!... ça .. ça ne fera pas de mal!... (Il lui met un genou sur le dos et serre de toutes ses forces.) Hue... là!... hue... là!...

CHIFFONNET.

Aie!... prends garde!

MACHAVOINE, lui faisant passer une manche de son habit.

Ah! mon vieux, que voilà de la mauvaise viande! ***

CHIFFONNET.

C'est bien, on ne te demande pas ça... Il me semble que je ne suis pas plus mal fait qu'un autre!...

* Machavoine, Chiffonnet.
** Chiffonnet, Machavoine.
*** Machavoine, Chiffonnet.

MACHAVOINE.

Du ventre... et pas de jambes !... T'as poussé comme une citrouille !...

CHIFFONNET.

En voilà assez !...

MACHAVOINE.

Ah ! je suis franc, moi !...

CHIFFONNET.

Va me chercher ma perruque neuve... par là...

MACHAVOINE.

Une perruque !... une perruque !...

CHIFFONNET.

Mais va donc !...

MACHAVOINE.

J'en créverai de rire ! fichtra de la Catarina !...   (Il entre à gauche.)

ooooooooooooooooooooooooooooooooooooooooooooooooooooo

SCÈNE XI.

CHIFFONNET, puis PRUNETTE, puis Mme COQUENARD. *

CHIFFONNET.

Ah ! mais, il est embêtant !... (S'examinant.) Et puis... je crois qu'il manque un peu de goût !

PRUNETTE, entrant.

Monsieur.

CHIFFONNET.

Quoi ?...

PRUNETTE, avec mystère.

C'est madame Coquenard qui demande à vous parler en secret !...

CHIFFONNET.

Madame Coquenard !... une si belle femme !... dans mon hermitage ! Sapristi !... je suis fâché de ne pas avoir ma perruque neuve ! ... Enfin !... fais entrer !...

PRUNETTE, à la cantonnade.

Entrez, madame !...
(Elle sort et se croise avec madame Coquenard.)

Mme COQUENARD, saluant. **

Monsieur...

CHIFFONNET.

Madame... donnez-vous donc la peine de vous asseoir !...

Mme COQUENARD.

Non !... je ne reste qu'un instant !...

CHIFFONNET, à part.

Elle est encore plus suave dans le tête-à-tête !

Mme COQUENARD.

Monsieur, qu'allez-vous penser de ma démarche ?...

CHIFFONNET.

Je pense que votre démarche est celle d'une azelle !...

* Prunette, Chiffonnet.
** Chiffonnet, Mme Coquenard.

Mme COQUENARD.

C'est-à-dire que vous la trouvez légère !...

CHIFFONNET.

Oh ! loin de moi...

Mme COQUENARD.

Et vous avez raison... Oser me présenter chez vous... chez un garçon !... sans mon mari !

CHIFFONNET.

Madame, l'absence d'un mari est le plus beau cortége d'une femme !... chez un garçon ! (A part.) Bandit que je suis !...

Mme COQUENARD.

Vous allez dire que je suis bien indiscrète, mais...

CHIFFONNET.

Achevez, de grâce !...

Mme COQUENARD.

Vous avez vu monsieur Coquenard, ce matin ?

CHIFFONNET.

Oui...

Mme COQUENARD.

Il vous a, je crois, parlé d'un emprunt !...

CHIFFONNET, à part.

Hein !... elle vient chercher les quatre mille ! C'est une carotte !... soyons froid. (Haut.) Fectivement, madame, fectivement, nous en avons parlé vaguement... excessivement vaguement !

Mme COQUENARD.

Il me l'a dit...

CHIFFONNET, à part.

Parbleu !

Mme COQUENARD.

Et je suis venue à son insu !

CHIFFONNET, ironiquement.

Oui... en catimini... en catimini !...

Mme COQUENARD, à part.

Qu'est-ce qu'il a ? (Haut.) Vous prier... vous supplier...

CHIFFONNET, à part.

Comme je la vois venir !...

Mme COQUENARD.

De ne pas lui prêter ces quatre mille francs !...

CHIFFONNET, stupéfait.

Ah bah !... ah bah !... (Avec empressement.) Madame, donnez-vous donc la peine de vous asseoir !... * (A part.) Je redeviens bandit !

Mme COQUENARD.

Vous me le promettez ?

CHIFFONNET.

Refuser ce pauvre Coquenard !... c'est cruel ! bien cruel !... Mais, pour vous être agréable !

* Mme Coquenard, Chiffonnet.

Mme COQUENARD.

C'est que vous ne savez pas!...

CHIFFONNET.

Quoi donc?...

Mme COQUENARD.

Non... j'ai tort de vous dire... mon m i possède un travers affreux!...

CHIFFONNET.

Se livrerait-il aux alcools?

Mme COQUENARD.

Non!... mais il aime, il adore, il idolâtre les chevaux.

CHIFFONNET.

Comment!... ces vilaines petites créatures sans grâce... qui nous jettent par terre!...

Mme COQUENARD.

Oui, monsieur... aussi, passe-t-il sa vie dans son écurie... il en a fait son salon, son cabinet de travail, son boudoir!...

CHIFFONNET.

Et sa chambre à coucher?

Mme COQUENARD, vivement.

Oh! non!

CHIFFONNET.

Ah!... c'est égal, vivre dans le fumier.. comme un melon!... ah!... fi! fi! fi! et encore fi!

Mme COQUENARD.

Que voulez-vous?... je me résigne... je sais m'imposer des privations... dernièrement, je désirais un cachemire...

CHIFFONNET.

Eh! bien?

Mme COQUENARD, tristement.

Eh bien! monsieur Coquenard s'est donné un poney!

CHIFFONNET, avec intérêt.

Pauvre martyre de l'équitation!

Mme COQUENARD.

Cependant, je ne voudrais pas que cette sotte passion le ruinât!

CHIFFONNET.

Je comprends ce subjonctif; c'est le subjonctif d'un ange!... (A part.) auquel on a refusé un cachemire.

Mme COQUENARD.

Ainsi, monsieur, c'est bien convenu... vous ne lui prêterez pas cette somme?...

CHIFFONNET.

Ah!... soyez sans crainte! (Tendrement.) D'ailleurs, puis-je refuser quelque chose à une femme si... mais asseyez-vous donc!...

Mme COQUENARD.

Merci!...

CHIFFONNET.

Nous serons mieux pour causer!...

Mme COQUENARD.

Je vais me retirer... car si mon mari se doutait!...

CHIFFONNET, avec exaltation.

Oh! pas encore...* laissez-moi contempler ce profil byzantin!.. ce nez... renouvelé des Grecs!... ces yeux fendus en amandes... douces! oh! très douces!

Mme COQUENARD.

Ah! monsieur!

CHIFFONNET.

Et ces cheveux!... qu'ils sont beaux!... onduleux!... vaporeux, fabuleux!...

Mme COQUENARD.

Mais il me semble que vous même, de ce côté-là!...

CHIFFONNET, à part.

Elle croit que c'est à moi! (Haut, minaudant.) J'avoue que j'aurais tort de me plaindre!... sous ce rapport, la nature n'a pas trop lardé... à mon égard!...

SCÈNE XII.

LES MÊMES, MACHAVOINE, puis PRUNETTE.

MACHAVOINE entre en portant une perruque sur son poing.

La voilà!

CHIFFONNET, à part.

Ah! sacrédié!...

Mme COQUENARD.

Qu'est-ce que c'est que ça?

MACHAVOINE.

Ça?... c'est la perruque de Chiffonnet!...

CHIFFONNET.

Du tout!...*** connais pas!...

MACHAVOINE.

Mais si!...

CHIFFONNET.

Mais non!...

MACHAVOINE.

Mais si!...

* Chiffonnet, Mme Coquenard.
** Chiffonnet, Machavoine, Mme Coquenard.
*** Machavoine, Chiffonnet, Mme Coquenard.

CHIFFONNET, bas.

Tais-toi donc, animal!

MACHAVOINE, à Mme Coquenard.

Il me dit de me taire!... à preuve que c'est à lui!...

Mme COQUENARD, étouffant son rire.

Quoi!... monsieur Chiffonnet, vous portez perruque?...

CHIFFONNET.

Oh! oh! au carnaval seulement... pour me mettre en garde française! (Haut à madame Coquenard.) J'espère, madame, que vous ne croyez pas un mot...

Mme COQUENARD, saluant.

Adieu!... monsieur... comptez sur ma discrétion.

CHIFFONNET, saluant.

Madame!... (A part.) Ce manant me fait perdre une occasion magnifique.

PRUNETTE, entrant vivement.*

Monsieur!... c'est monsieur Coquenard!...

Mme COQUENARD, très effrayée.

Ah! mon Dieu!... je suis perdue s'il me trouve ici.

CHIFFONNET.

Comment?

Mme COQUENARD.

Il est d'une jalousie!... il vous tuera, monsieur.

CHIFFONNET.

Bigre!... Prunette, dis que je n'y suis pas.

MACHAVOINE. **

Par exemple!... faire mentir cette fille! ça serait du propre! (Courant à la porte.) Monsieur, monsieur!... il y est, Chiffonnet!... il y est.

CHIFFONNET.

Sapristi!

Mme COQUENARD.

Mon Dieu! que faire?

PRUNETTE, la poussant dans le cabinet à gauche.

Vite là, vous sortirez par la cuisine.

(Madame Coquenard entre avec Prunette pendant que Machavoine est encore à la porte du fond.)

SCÈNE XIII.

CHIFFONNET, MACHAVOINE, COQUE-NARD.

MACHAVOINE, à Coquenard.

Entrez, monsieur, entrez. (A part, cherchant madame Coquenard.) Tiens! où est-elle donc passée?

* Machavoine, Prunette. Chiffonnet, Mme Coquenard.
** Prunette, Machavoine, Chiffonnet, Mme Coquenard.

COQUENARD, à Chiffonnet.

Bonjour, Chiffonnet... je vous dérange?

CHIFFONNET, mal à l'aise.

Du tout... du tout.. j'allais sortir... venez-vous?

COQUENARD.

Un instant... je viens chercher les quatre mille francs dont je vous ai parlé...

CHIFFONNET, à part.

Et sa femme qui m'a fait promettre. (Haut.) Mon cher ami, j'en suis désolé, mais cette rentrée sur laquelle je comptais... enfin, je n'ai pas d'argent!

MACHAVOINE.

Pas d'argent! pourquoi que vous dites ça? (A Coquenard.) Il en a, mais il ne veut pas vous en prêter!

CHIFFONNET.

Ah! mais... ah! mais! il m'agace!

COQUENARD.

Comment! Chiffonnet!

CHIFFONNET.

Croyez, mon cher Coquenard, que si j'avais cette somme je serais heureux, oh! mais bien heureux de pouvoir vous l'offrir.

MACHAVOINE, à lui-même.

Oh! ben! si ce n'est que ça!...

(Il va à la petite table.)

CHIFFONNET.

Ce subalterne ignore l'état de mes caisses, la vérité est qu'il me reste sept francs pour dîner à trente deux sous.

MACHAVOINE, se plaçant entre Chiffonnet et Coquenard.

Soyez heureux, voilà les quatre mille francs.

(Il donne le portefeuille à Chiffonnet.)

CHIFFONNET, cachant le portefeuille.

L'animal!

COQUENARD, à Machavoine.

Comment!

MACHAVOINE. **

Le portefeuille que j'ai trouva et que j'ai rapporta...

CHIFFONNET.

Oui... je l'avais oublia... non! oublié dans ce tiroir. (A part.) Mais c'est la grêle, la peste, que cet Auvergnat! (Il jette le portefeuille au nez de Machavoine et donne les billets à Coquenard.) Voici!...

COQUENARD, mettant les billets dans sa poche.

Ah! mon ami que de remerciments!

CHIFFONNET.

Il n'y a pas de quoi!

COQUENARD.

Adieu... à ce soir... je suis pressé. (Il prend son chapeau et aperçoit l'ombrelle que sa femme

* Chiffonnet, Coquenard, Machavoine.
** Machavoine, Chiffonnet, Coquenard.

a oubliée sur un meuble.) Tiens, c'est extraordinaire.

CHIFFONNET, à part.

Fichtre de bigre !

COQUENARD, redescend.

A qui ça ?

CHIFFONNET, embarrassé.

C'est une ombrelle !... Un cadeau que je viens de faire à ma nièce...

COQUENARD, soupçonnant.

Ah !

MACHAVOINE.

Ne le croyez pas ! il vous conte des couleurs, des mensonges !

COQUENARD.

Comment !

MACHAVOINE, à Coquenard.

C'est l'ombrelle d'une dame en chapeau bleu.

COQUENARD.

Un chapeau bleu !

CHIFFONNET.

Non !

MACHAVOINE.

Avec un châle blanche.

COQUENARD.

C'est bien ça !

CHIFFONNET.

Misérable !

MACHAVOINE.

Et tout à l'heure le bourgeois lui faisait de l'œil... Ah ! mais de l'œil ! avec sa perruque.

COQUENARD.

Et où est cette dame ?

CHIFFONNET.

Je vais vous expliquer...

COQUENARD.

Non... pas vous ! (A Machavoine.) Toi !... car tu dis la vérité, toi !

MACHAVOINE.

Toujours !

COQUENARD.

Eh bien ! parle... où est cette dame ?

MACHAVOINE.

Cette dame, je l'ai vue, mais je sais pas oùs-qu'elle a passé !

CHIFFONNET, à part.

Je respire !

COQUENARD.

Je cours chez moi, et si madame Coquenard n'a pas son ombrelle... (Il remonte.)

Mme COQUENARD, entr'ouvrant la porte.

Les verrous sont mis... impossible de sortir.

MACHAVOINE, l'apercevant.

Ah! fichtre!.... la voilà!.... la voilà ! (La porte se referme vivement.)

¹ Chiffonnet, Machavoine, Coquenard.

CHIFFONNET.

Misérable!

COQUENARD, courant à la porte.

Ouvrez, madame, ouvrez !

CHIFFONNET.

Coquenard!* vous oubliez que vous êtes chez moi !

COQUENARD.

Monsieur!...rendez-moi ma femme, et après! après nous causerons !

(Il frappe sur la porte.)

AIR : de Mme Favart.

Oh ! dussé-je enfoncer les portes,
Ma femme est là...je la verrai.

CHIFFONNET, à Machavoine.

De chez moi, je veux que tu sortes.

MACHAVOINE, montrant son traité.

Trent' mill' francs... et j'obéirai.

COQUENARD, parlé.

Ouvrez, madame !... ouvrez !

CHIFFONNET.

Mon Dieu, si je pouvais le tordre !

MACHAVOINE.

Trent' mill' francs !

CHIFFONNET.

Oh ! le scélérat
Me donne des envies de mordre....
De mordre dans un Auvergnat.

oooooooooooooooooooooooooooooooooooooooooooooooooooo

SCÈNE XIV.

Les Mêmes, PRUNETTE, avec le châle et le chapeau de madame Coquenard ; la porte s'ouvre, Prunette paraît, son voile est baissé.

TOUS, étonnés.

Tiens !

MACHAVOINE, à part.

Elle s'est raccourcie !   (Il remonte.) **

PRUNETTE, à Chiffonnet.

Adieu, mon oncle...

CHIFFONNET, à part.

Prunette!... o fille intelligente... et rouée !

PRUNETTE, bas et vivement.

Elle est partie! ne craignez rien !

COQUENARD, qui s'est approché.

Quoi?

CHIFFONNET. ***

Rien !.. adieu, ma nièce...prends l'omnibus et embrasse ton mari pour moi,... avec la correspondance...

PRUNETTE.

Oui, mon oncle... (Prenant l'ombrelle des mains de Coquenard.) Pardon, c'est mon ombrelle.

* Machavoine, Chiffonnet, Coquenard.
** Chiffonnet, Machavoine, Prunette, Coquenard.
*** Chiffonnet, Prunette, Coquenard, Machavoine,

COQUENARD, ébahi, rendant l'ombrelle.

Madame... (Prunette sort, Chiffonnet l'accompagne jusqu'au fond.) La nièce... ou non !... du moment que ce n'est pas ma femme...

MACHAVOINE, à Coquenard.

Dites donc, ça n'est pas la même ...

COQUENARD.

Quoi

MACHAVOINE.

L'autre était plus grande et moins ratatinée...

COQUENARD, à part.

Est-il possible !... oh ! il y a un mystère, mais je le découvrirai... j'ai un moyen ! (A Machavoine.) Dans cinq minutes... viens me trouver au café en face... vingt francs pour

CHIFFONNET, redescendant, à Coquenard.

Eh bien !... vilain jaloux...

COQUENARD.

J'avais tort... je le reconnais... soupçonner un ami, ce bon Chiffonnet... je vous aurais tué d'abord !

CHIFFONNET, à part.

Mazette !

COQUENARD, à part.

Il a pâli ! (Haut.) Adieu... à tantôt. (Bas à Machavoine.) Toi, dans cinq minutes...

MACHAVOINE.

On y sera   (Sortie.)

AIR : des trois mousquetaires.

ENSEMBLE.

Agissons avec mystère...
Et sans bruit et sans éclat,
Bientôt je saurai, j'espère
Faire parler cet Auvergnat.

MACHAVOINE.

Chacun peut voir je l'espère,
Grâce à mon nouvel état,
Que c'n'est pas aisé de faire. .
Faire mentir un Auvergnat.

CHIFFONNET.

Je crois que c'est un mystère,
Mais je ne m'explique pas
Pourquoi l'on a sur la terre
Introduit des Auvergnats.

CHIFFONNET, à Machavoine.

Quant à toi, fiche-moi le camp !

MACHAVOINE, à Chiffonnet.

Trente mille francs ! ou je reste.

(Il sort à droite.)

OOOOOOOOOOOOOOOOOOOOOOOOOOOOOOOOOOOOOOOOOOOOOOOOOO

SCÈNE XV.

CHIFFONNET, puis PRUNETTE.

CHIFFONNET.

Trente mille francs ! Mais plutôt que de te es donner, j' aimerais mieux...

société pour la destruction des animaux nuisibles .. y compris les porteurs d'eau !... Et dire que j'en ai pour neuf ans !... Trois, six ou neuf, à sa volonté... pas à la mienne !... Ah ! ça mais je suis dans la position de Laocoon... avec un Auvergnat qui me serpente autour du cou... qui m'étrangle... qui m'étouffe !... Comment faire pour le renvoyer dans ses sales montagnes, dans son savoyard de Puy-de-Dôme ? (Tout à coup.) Oh ! je conçois un vaste dessein !... une idée machiavélique... mais tellement machiavélique que je n'ose pas me la confier à moi-même... Si je pouvais trouver sous ma main un ange assez déchu... pour lui dire... Ah ! Prunette !

PRUNETTE, à part.*

J'ai reporté l'ombrelle !... elle est sauvée !...

CHIFFONNET.

Prunette... tu as fait un coup de maître tout à l'heure ; je t'en sais bon gré... Regarde-moi... je dois avoir quelque chose de méphistophélistique dans l'œil ?

PRUNETTE.

Il vous est entré quelque chose dans l'œil ?

CHIFFONNET.

Comment trouves-tu le petit ami que je me suis procuré ce matin ?

PRUNETTE.

Machavoine ?

CHIFFONNET.

Oui.

PRUNETTE.

Dame... monsieur... je le trouve bel homme.

CHIFFONNET.

Très bien... Prunette, il faut croiser les races... j'ai envie de te le donner en mariage.

PRUNETTE.

A moi ?

CHIFFONNET.

Mais à une condition...

PRUNETTE.

Laquelle ? parlez...

CHIFFONNET.

Ecoute-moi... Prunette, tu es de l'étoffe des Lisette et des Marton dont fourmille le répertoire du Théâtre-Français (édition Daho, soixante-sept volumes, très mal imprimés) Ces démons femelles... pas de mouvement ! ça me gêne dans mes narrations... sont le type de la fourberie et de la duplicité.

PRUNETTE.

Mais, monsieur...

CHIFFONNET.

Pas de mouvement !... Elles ont été inventées pour tendre des piéges, des embûches, disons le mot, des traquenards... aux hommes assez simples pour se laisser prendre à

* Prunette, Chiffonnet.

leurs douces paroles... Eh bien ! si toi, Prunette... toi que j'estime assez pour te placer au rang de ces délicieuses coquines, de ces charmantes effrontées... pas de mouvement ! si je te donnais la mission de conduire ce primitif Machavoine sur le chemin que tu parcours si noblement, si je te chargeais de l'amener à ce degré de fausseté que tu possèdes. .

PRUNETTE.

Ah ! mais, permettez...

CHIFFONNET.

Je ne permets pas... je continue... Si, enfin, je te donnais un homme franc, trop franc... ami, trop ami de la vérité .. pour en faire un menteur... bref, si je te confiais un Auvergnat, te sens-tu de force à me rendre un Gascon ?

PRUNETTE.

Un Gascon ? Dame, monsieur... je tâcherai.

CHIFFONNET.

Cela me suffit... tope !... Machavoine est à toi... mais, je te le répète, déteins sur lui, ma mignonne... rends-le câlin, flatteur, ma toute belle.   (Il lui tape sur la joue.)

PRUNETTE.

Monsieur est bien bon...

CHIFFONNET.

Va, ma colombe, va... et ta fortune est assurée! Rends-le calin, flatteur, menteur ! Courage, Prunette !

PRUNETTE.

Oui, monsieur.

SCÈNE XVI.

PRUNETTE puis **MACHAVOINE**, entrant par le fond, sans voir Prunette.

PRUNETTE, seule.

Lui apprendre à mentir !... Voilà une drôle d'idée ! Ordinairement, ces choses-là... ça ne s'apprend pas... ça vient tout seul.

MACHAVOINE. *

Allons, le Coquenard... c'est un brave ! Il 'a promis vingt francs pour ce soir... et cinq Chiffonnet... Ah ! la vérité, c'est une fâcheuse branche ! (Il s'assied.)

PRUNETTE, à part.

Il ne me voit pas. (Elle tousse), hum !...

MACHAVOINE.

Ah ! c'est vous, mamzelle Prunette ! (A part.) Quel dommage qu'elle ne soit pas franche... C'est un beau brin ! (Haut.) Oùsqu'on met le lard, chil vous plaît ?

PRUNETTE.

Le lard ?... Vous avez faim ?

* Machavoine, Prunette

MACHAVOINE.

Oui.

PRUNETTE.

Attendez... je vais vous donner du poulet.

MACHAVOINE se levant.

Gardez-le, votre poulet... je ne veux pas des poulets qu'on achète cent sous et qu'on fait payer dix francs .

PRUNETTE.

Ah ! monsieur Machavoine... C'était pas pour les mettre dans ma poche .. allez.

MACHAVOINE.

Et là où donc c'que vous les avez mis ? (A part.) Quel dommage ! un si beau brin !

PRUNETTE.

Mais c'est pour les rafraichissements de la soirée...

MACHAVOINE.

Comment que vous dites ça ?

PRUNETTE.

Monsieur Chiffonnet... Il est si drôle... voulait donner des sirops tournés... Mais, moi, je ne veux pas que sa maison passe pour une cassine, alors j'ai gagné sur le poulet pour acheter des sirops.

MACHAVOINE.

Ah ! fichtra ! c'est bien ça !... c'est honnête ! ça me raccommoda avec vous ! Tenez, mademoiselle Prunette, il faut que je vous embrasse !

PRUNETTE.

Ça n'est pas honnête de s'embrasser quand on ne se connaît pas... beaucoup ! (A part.) Il y viendra !

MACHAVOINE.

Eh bien !... connaissez-moi... beaucoup.

PRUNETTE, jetant un cri.

Ah ! cristi !

MACHAVOINE.

Quoi donc ?

PRUNETTE.

C'est un cousin qui vient de me piquer au bras. (Elle relève sa manche.)

MACHAVOINE.

Voyons voir que je voie... * pour que je regarde. (Il lui prend le bras.)

PRUNETTE.

Ne serrez pas si fort.

MACHAVOINE.

Oh ! c'est doux comme une peau de lapin !

PRUNETTE.

Flatteur !

MACHAVOINE.

C'est grassouillet... potelé... Fichtra ! peut on embrasser ?   (Il embrasse.)

PRUNETTE.

Il est bien temps !

* Prunette, Machavoine.

MACHAVOINE.

AIR :

Si j'pouvais dire ce que j'sens là

PRUNETTE.

Dites toujours, je vous écoute.

MACHAVOINE.

Je dirais que j'vous aime, dà.

PRUNETTE, à part.

Allons donc. (Haut.) Permettez que je doute.

MACHAVOINE.

Douter de moi, d'ma probité !

PRUNETTE.

Oh ! ce n'est pas que je vous blâme !
Vous aimez trop la vérité
Pour jamais bien aimer une femme.

(On entend sous la fenêtre un signal de crecelle.)

PRUNETTE.

Ecoutez !... * Ouvrez la fenêtre.

MACHAVOINE, ouvrant la fenêtre.

Vous avez chaud ? **

PRUNETTE.

Non... c'est un signal... ça veut dire : Mademoiselle Prunette, peut-on venir vous voir ?

MACHAVOINE.

Qui ça ?

PRUNETTE.

Mon amoureux !

MACHAVOINE.

Hein ?

PRUNETTE.

Mais, oui... le garçon du café qui est en face.

MACHAVOINE.

Votre amoureux !

PRUNETTE.

Et quand j'euvre la fenêtre, ça veut dire : Vous pouvez venir.

MACHAVOINE.

Bigre ! et vous me la faites ouvrir à moi !
(Il la referme vivement.)

PRUNETTE, à part.

Il y est venu !... (Haut.) Ecoutez donc... Il parle de m'épouser, lui !

MACHAVOINE.

J'en parlera aussi !... j'en parlera !

PRUNETTE.

Vous !... Oh ! non ; un charabia, c'est trop godiche !

MACHAVOINE, tristement.

Un charabia !...

PRUNETTE.

Oui... tandis que l'autre... un Gascon... c'est malin !

MACHAVOINE.

Je deviendrai malin.

* Prunette, Machavoine.
** Machavoine, Prunette.

PRUNETTE.

Fûté.

MACHAVOINE.

Je deviendrai fûté.

PRUNETTE.

Menteur...

MACHAVOINE.

Je deviendrai... non, jamais ! un enfant de l'Auvergne !... c'est impossible.

PRUNETTE.

Alors, ouvrez la fenêtre.

MACHAVOINE.

Mille carabina !... mais qu'est-ce que ça vous fait que je dise la vérité ?

PRUNETTE.

Tiens !.,. ça me fait beaucoup... Quand je serai vieille, quand je serai laide... je ne veux pas d'un mari qui me le dise.

MACHAVOINE.

Non... je ne vous le dirai pas.

PRUNETTE.

Alors, vous mentirez...

MACHAVOINE.

Fichtra !

PRUNETTE.

Après tout... un petit mensonge... quand ne fait de mal à personne... et que ça rend service...

MACHAVOINE, faiblissant.

Au fait... (Hésitant.) Oùsqu'on met le lard, ch'il vous plait ?

PRUNETTE.

Mais si on se disait toujours la vérité, dans le monde.,. on passerait sa vie à se dire des injures...

MACHAVOINE, faiblissant.

C'est possible... que si... (Résolument.) Oùsqu'on met le lard, ch'il vous plait ?
(Il remonte.)

PRUNETTE, à part.

Il s'en va ! (Poussant un cri.) Aïe !... encore un cousin ! (Elle retrousse sa manche.)

MACHAVOINE, revenant et lui prenant le bras.

Voyons voir que je voie.*

PRUNETTE, tendrement.

Si vous le vouliez... y serait à vous ce bras-là...

MACHAVOINE.

Crédia !... non ! Oùsqu'on met le lard, ch'il vous plait ?

PRUNETTE, perdant patience.

Ah ! dans la cuisine, animal !

MACHAVOINE.

Merci...

PRUNETTE.

N'y a pas de quoi.

* Prunette, Machavoine.

MACHAVOINE, à part.

Quel dommage ! un si beau brin !

(Il entre dans la cuisine.)

SCÈNE XVII.

PRUNETTE, CHIFFONNET, puis Un Domes-
TIQUE.*

PRUNETTE, seule.

Ça ne prend pas.

CHIFFONNET, entrant.

Eh bien ! commences-tu à l'apprivoiser un
peu ?

PRUNETTE.

Ah ! bien oui !... il est souple comme un
tas de pavés !... j'y renonce.

CHIFFONNET.

Déjà, Prunette... Tu dégringoles dans mon
estime. Je te classe dans le répertoire du
quatrième ordre.

PRUNETTE.

Ce n'est pas ma faute... j'ai tout fait...

CHIFFONNET.

Tout !... ce n'est pas assez.

UN DOMESTIQUE.

Une lettre pressée pour monsieur. (Il sort.)

CHIFFONNET, ouvrant la lettre

De madame Coquenard ! de la belle madame
Coquenard !... (il l'embrasse. — Lisant.) « Tout
» est perdu. » (Parlé.) Quoi? perdu ? (Lisant.)
« Mon mari exige que je vienne à votre bal...
» Il a soudoyé votre Auvergnat qui s'est en-
» gagé à lui désigner la femme qui était ca-
» chée chez vous ! » (Parlé.) Corne-bœuf !

PRUNETTE.

Saprebleu !

CHIFFONNET, lisant.

« Post-Scriptum. Sauvez-moi... sauvez-
» nous, monsieur Coquenard charge ses pis-
» tolets. » (Parlé.) Ses pistolets... Eh bien !
me voilà gentil !

PRUNETTE.

Il va y avoir un massacre !

CHIFFONNET.

Et je ne pourrai pas décider cet animal...

PRUNETTE.

A mentir ! impossible, monsieur, il est têtu
comme une mule.

CHIFFONNET.

Oh ! la vérité, la vérité, j'en suis guéri !

SCÈNE XVIII.

LES MÊMES, MACHAVOINE, (Machavoine entre en tenant un énorme morceau de pain avec
du lard, il mange.)

CHIFFONNET, à part.

Le voilà, le gredin ! le chenapan ! si au

moins je pouvais l'éloigner !... (A Machavoine
d'une voix doucereuse.) Bonjour, mon petit
Machavoine, bonjour !

MACHAVOINE.

Bonjour...

CHIFFONNET.

Tu manges?

MACHAVOINE.

Oui.

CHIFFONNET.

Et après tu iras te promener...

MACHAVOINE.

Non, j'ai affaire ici...

CHIFFONNET, à part.

Avec Coquenard ! (Haut.) Et si je te propo-
sais d'aller te réjouir avec des porteurs d'eau,
ils sont si gais, les porteurs d'eau !...

MACHAVOINE.

J'accepterais... pour demain.

CHIFFONNET, à part.

Il tient comme teigne !

MACHAVOINE.

Aujourd'hui, j'aiderai mamzelle Prunette.

PRUNETTE.

Moi, je n'ai pas besoin de vous... le garçon
du café d'en face viendra me donner un coup
de main...

MACHAVOINE.

Le Gascon ! (rageant.) Ah ! fichtra de gala-
pia !

PRUNETTE.

Ah ! dame !... il est complaisant, lui ! pour
venir, il fera un mensonge à son bourgeois...

MACHAVOINE.

Un mensonge !...

CHIFFONNET.

Bah ! où est le mal ?

MACHAVOINE, montant la scène et résolument.

Non ! jamais !...

CHIFFONNET, à part.

Alors ! je vais lui donner une course, une
longue course ! (haut.) Mon ami, j'ai une petite commission à te donner...

MACHAVOINE.

Pour ce soir? c'est impossible !

CHIFFONNET.

Tu seras revenu dans une petite demi-
heure.

MACHAVOINE.

Ah ! comme ça, allez !...

CHIFFONNET.

Tu vas courir tout de suite, tout de suite !...
au chemin de fer d'Orléans.

MACHAVOINE.

Excusa !

CHIFFONNET.

Tu demanderas un billet... de troisième
classe... ça sont les meilleures... pour Angers...

MACHAVOINE.

Angers?... là oùsque c'est?

CHIFFONNET.

Un peu au-dessus d'Asnière, n'est-ce pas
Prunette?

PRUNETTE.

Oui... on voit le clocher.

MACHAVOINE.

Après?

CHIFFONNET.

Une fois là! tu demanderas le brigadier de
la gendarmerie et lui diras ces simples mots:
monsieur, je n'ai pas de passe-port.

MACHAVOINE.

C'est la vérité!

CHIFFONNET.

Oh! pour rien au monde, je ne voudrais te
faire faire un mensonge! (Reprenant.) je n'ai
pas de passe-port... veuillez me procurer un
logement.

MACHAVOINE.

Et je r'viendrai.

CHIFFONNET.

Tout de suite.

(On entend rouler une voiture.)

PRUNETTE, qui a regardé à la fenêtre; bas à
Chiffonnet,

Monsieur et madame Coquenard. *

CHIFFONNET, à part.

Bigre! (A Machavoine.) Vite dépêche-toi...
prends par le petit escalier...

MACHAVOINE, montrant un énorme morceau de
pain.

Attendez que je finisse mon pain!

CHIFFONNET.

Tu le finiras en route. (Le poussant.) Tu
vas manquer le convoi... mais va donc! (Il le
pousse dehors, par la droite.)

∞∞∞∞∞∞∞∞∞∞∞∞∞∞∞∞∞∞∞∞∞∞∞∞∞∞∞∞∞∞∞∞∞∞∞∞

SCÈNE XIX.

CHIFFONNET, PRUNETTE, M. ET Mme CO-
QUENARD.

INVITÉS. **

PRUNETTE, annonçant.

Monsieur et madame Coquenard.

CHIFFONNET, à part.

Il était temps! (Haut. Très aimable.) Arrivez,
mes amis... mes chers amis... je suis enchanté
de vous recevoir...

COQUENARD, sèchement.

Je vous salue, monsieur.

CHIFFONNET, à part.

Il me salue... jaune!...

Mme COQUENARD, bas, à Chiffonnet.

Avez-vous reçu mon billet?

---

* Prunette, Chiffonnet. Machavoine.
** Mme Coquenard, Chiffonnet, Coquenard.

CHIFFONNET, de même.

Oui... j'ai expédié l'Auvergnat sur Angers,
train direct.

Mme COQUENARD, avec joie.

Ah!

COQUENARD, se retournant.

Plaît-il?

CHIFFONNET.

Rien! Je disais à madame que vous me pa-
raissiez d'une gaîté folle.

COQUENARD, très sombre.

En effet... en effet. (A part, regardant de tous
côtés.) Où diable est-il?

CHIFFONNET, à part.

Cherche, va, cherche.

(Les invités entrent. Chiffonnet les reçoit.)

CHŒUR.

AIR : de Zampa.

(Pendant le chœur des valets apportent des bougies allumées sur les tables de jeu.)

Quand le plaisir invite
Sur ses pas, il faut se presser ;
Le plaisir fuit bien vite,
Il ne fait que passer.

CHIFFONNET.

Mesdames... je vous préviens qu'il faut qu'on
s'amuse... Il y aura des tables de jeu pour les
papas, des danses pour les demoiselles et des
gâteaux Louis XV pour les enfants. (A part.)
Ils ont de bonnes dents!...

COQUENARD, tragiquement.

Il y aura peut-être encore autre chose.

TOUS.

Une surprise!

COQUENARD.

Oui, une surprise!...

Mme COQUENARD, à part.

Il me fait trembler!

CHIFFONNET.

Est-ce que vous seriez dans l'intention d'a-
valer des bouteilles cassées... pour amuser ces
dames?

COQUENARD.

Rira bien qui rira le dernier.

CHIFFONNET.

Je continue à vous trouver d'une gaîté folle.

COQUENARD, regarde de tous côtés, à part.

Où diable est-il?

CHIFFONNET, à part.

Cherche, va, cherche toujours !

(Les portes du fond s'ouvrent; on entend le pré-
lude d'une scotiche.)

CHIFFONNET.

Entendez-vous l'archet de la Folie... La scotiche vous réclame, allons messieurs, la main
aux dames.

(La société se met à danser dans le second salon.
— On occupe les deux tables de jeu.)

COQUENARD, à Chiffonnet.
Mais je ne vois pas votre nouvel ami, monsieur Machavoine.

CHIFFONNET, négligemment.
Il doit être par là à l'office... le maroufle ! (Voyant entrer Machavoine par la droite.) Lui !

Mᵐᵉ COQUENARD, à part.
Ah ! mon Dieu !.. (Entraînant son mari.) Mais, monsieur, quel air singulier...
(Elle remonte avec son mari.)

CHIFFONNET, à Machavoine.
Malheureux ! qui te ramène ?

MACHAVOINE.
Tu ne m'as pas donné d'argent pour le chemin de fer !...

CHIFFONNET, vivement.
Tiens ! ma bourse, retourne ! cours !

COQUENARD, arrêtant Machavoine.
Eh ! mais, le voilà, * mon cher Chiffonnet ; je vous ai promis une surprise... vous allez l'avoir.

CHIFFONNET.
Mais est-il donc jovial, ce soir, cet excellent Coquenard !

Mᵐᵉ COQUENARD, à part.
Je suis morte !

CHIFFONNET, de même, s'appuyant contre un invité.
J'éprouve le besoin de m'accotter.

COQUENARD, à Machavoine.
Tu sais ce que tu m'as promis...

MACHAVOINE, à Coquenard.
Allez ! un Auvergnat n'a qu'une parole !

COQUENARD, prenant la main de sa femme.
Reconnais-tu madame ?

Mᵐᵉ COQUENARD.
Y pensez-vous, monsieur, me compromettre ainsi, et devant...
(On entend un signal du dehors.)
Prrrrrt !...

MACHAVOINE, à part.
Bigre, c'est le Gascon !

PRUNETTE, bas, avec énergie.
Si tu parles, je l'épouse ce soir !

MACHAVOINE, hésitant.
Ce soir ! cré rapia de la Catarina !

COQUENARD.
Eh bien ! voyons, parle !

MACHAVOINE.
Eh bien !... eh bien !... (Nouveau signal.) non, ce n'est pas celle-là !

TOUS.
Hein ?

MACHAVOINE, levant la main très haut.
L'autre était grande comme ceci et large comme cela.

* Mᵐᵉ Coquenard, Chiffonnet, Coquenard, Machavoine, Prunette.

COQUENARD.
Vous m'avez donc fait un mensonge ce matin !

MACHAVOINE.
Eh ! ben, oui ! j'ai menti !

CHIFFONNET, à part, avec joie.
Il ment lui-même !... tout seul !... Fi ! fi ! que c'est laid !

COQUENARD, à sa femme.
Allons, madame... j'avais tort.

MACHAVOINE, à part, tombant sur un fauteuil.
Ouf ! je n'en puis plus !

PRUNETTE, le relevant.
Le chapeau de M. Coquenard !

MACHAVOINE, se relevant et avec aplomb.
Ça n'est pas moi !

CHIFFONNET, ravi.
Oh ! ça n'est pas lui, je le prends la main dans le sac, et... ça fait deux... cher ami... (Au public, après l'avoir salué.) Ceci nous prouve qu'un joli petit mensongenet vaut souvent mieux qu'une épaisse vérité... exemple ! vous allez voir ! (Il va prendre une figurante et l'amène sur le devant d'un air gracieux.) Pardon, madame, d'honneur ! votre couturière vous a fagotée comme une sorcière de Macbeth !

LA FIGURANTE.
Insolent ! (Elle remonte.)

CHIFFONNET.
Effet de l'épaisse vérité !.. La contre-épreuve. (Il amène une vieille dame.) Ah ! belle dame, les lys et les roses n'en finiront donc pas de se jouer sur votre frais visage !

LA VIEILLE DAME, souriant.
Toujours charmant !...

CHIFFONNET, au public.
Effet du mensonge !... Voilà !... voilà le monde ! (Changeant de ton.) En place pour la contredanse...

CHŒUR.
AIR : de Galop.
Ah ! oui, vraiment,
Oui, vraiment,
C'est charmant !
Quelle fête
Parfaite !
Ah ! oui, vraiment,
Oui, vraiment,
C'est charmant !
Pour nous quel agrément !

MACHAVOINE, au public.

PREMIER COUPLET.
Messieurs, vous savez
Que vous avez
Sur cette scène
De charmants acteurs
Qu'on ne trouverait pas ailleurs.
Ils ont un talent

Souple, élégant,
Qui vous entraîne.
Ils sav'nt leur métier
Mieux qu' Talma, Brunet et Potier.

CHIFFONNET.

Ah ! comme il ment !   (*ter*)
Quelle chose étonnante ;
Je n' comprends pas vraiment
Qu'un homme mente
Aussi gaillardement.

(Parlé.) Moi, messieurs, je vais vous dire la vérité...

DEUXIÈME COUPLET.

Messieurs, vous savez
Que vous avez
Pour notre scène

De charmants auteurs,
Délicieux peintres de mœurs,
Ils ont un talent
Étincelant
Qui vous entraîne,
Et font tous de l'art
Mieux que Molière et que Regnard.

MACHAVOINE.

Oh ! comme il ment !   (*ter*)
Quelle chose étonnante ;
Je n' comprends pas vraiment
Qu'un homme mente
Aussi gaillardement.

TOUS.

Oh ! comme il ment !   (*ter*) etc., etc.

FIN DU MISANTHROPE ET L'AUVERGNAT.

Paris. -- Typ Walder, rue Bonaparte, 44.

Titre	Prix
Shérif (le), op.-comique, 3 actes.	80
Sirène (la), op.-comique, 3 actes.	60
Sœur de Jocrisse (la), v., 1 acte.	60
Soldat de la Loire (le), dr., 1 a.	60
Somnambule (la), ballet, 2 actes.	1 »
Somnambule (la), v., 2 actes.	60
Sonneur de Saint-Paul (le), dr., 5 a.	60
Sophie Arnould, vaud., 5 actes.	80
Sourd (le), ou l'Auberge pleine, vaud., 1 acte.	1 »
Suisse de Marly (le), v., 1 acte.	60
Suites d'un bal masqué, com., 1 acte.	1 »
Sujet et duchesse, dram., 3 actes.	60
Surprises (les), v., 1 a.	60
Susceptible (le), c., 1 a.	60
Suzette, vaud., 2 a.	60
Sylphide (la), ballet, 2 a.	1 »
Symphonie (la), op.-c., 1 acte.	60
Talismans (les), drame, 5 actes.	60
Tasse (le), dr., 5 a.	60

Titre	Prix
Temple de Salomon (le), dr., 5 a.	1 »
Térésa, drame, 5 a.	60
Thérèse ou l'Orpheline de Genève, dr., 3 a.	60
Thérèse, op.-c., 3 a.	60
Thibaud l'Ebéniste, com.-vaud., 1 acte.	60
Tisserand de Ségovie (le), trag. en 5 actes.	60
Tôt ou tard, com., 3 a.	60
Toujours ou l'Avenir d'un fils, v., 2 a.	60
Toupinel, vaud., 2 a.	60
Tour de Nesle (la), dr., 5 actes.	60
Tout pour de l'or, dr., 5 actes.	60
Trafalgar, vaud., 1 a.	60
Treize (les), op.-c., 3 a.	60
Trente ans ou la Vie d'un joueur, dr., 3 a.	60
Tribut des cent vierges (le), dr., 5 a.	60
Trois (les) Nicolas, op.-com., 3 actes.	1 »
Turlurette, vaud., 1 a.	60
Tutrice (la), com., 3 a.	60
Un bal de grisettes, v., 1 acte.	60
Un Duel sous Richelieu, dr., 3 a.	60
Un fils, mélodr., 5 a.	60

Titre	Prix
Un mari du bon temps, vaud., 1 acte.	60
Un mari, s'il vous plaît, vaud., 1 acte.	60
Un ménage parisien, dr., 2 actes.	60
Un moment d'imprudence, com., 3 a.	60
Un monsieur et une dame, vaud., 1 a.	60
Un page du régent, vaud., 1 acte.	60
Un péché de jeunesse, v., 1 acte.	60
Un premier amour, v., 3 actes.	60
Un scandale, v., 1 acte.	60
Un veuvage, com., 3 a.	60
Un testament de dragon, vaud., 1 acte	60
Une aventure de Scaramouche, opéra.	1 »
Une double leçon, com., 1 acte.	60
Une famille au temps de Luther, trag., 1 a.	1 »
Une faute, vaud., 2 a.	60
Une femme laide, vaud., 2 actes.	60
Une fête de Néron, tr., 5 actes.	1 »
Une chaîne, com., 5 act.	60

Titre	Prix
Une heure de mariage, op.-com., 1 a.	80
Une invasion de grisettes, vaud., 2 a.	60
Une journée à Versailles, com., 3 a.	60
Une nuit au sérail, v., 2 actes.	1 »
Une position délicate, v., 1 acte.	60
Une présentation, com., 3 actes.	0
Une Saint-Hubert, com., 1 acte.	60
Une vision ou le Sculpteur, vaud., 1 a.	80
Une visite nocturne, v., 1 acte.	80
Vagabond (le), dr., 1 a.	60
Val d'Andorre (le), op.-com., 3 actes.	1 »
Valentine, vaud., 2 a.	60
Valérie, com., 3 a.	60
Veau d'or (le), v., 2 a.	60
Vêpres (les) siciliennes, trag., 5 a.	1 »
Verre d'eau, com., 5 a.	60
Vert-Vert, vaud., 3 a.	60
Veuve de la Grande armée (une), dr.-v., 4 a.	60
Vie de château (la), v., 2 actes.	60
Vie de garçon, v., 2 a.	60

Titre	Prix
Vie d'un comédien, com., 4 actes.	60
Vieille (la), op.-com., 1 acte.	60
Vieux péchés (les), vaud., 1 acte.	60
Villefort, dr. en 5 actes	1 »
Violoneux (le), opérette.	1 »
Vingt-six ans, v., 2 a.	60
Voisin Bagnolet (le), v., 1 acte.	60
Voyage à Dieppe (le), c., 3 actes.	60
Voyage de Robert Macaire, vaud., 3 a.	60
Werther ou les Egarements, vaud., 1 a.	60
Xacarilla (la), op., 1 a.	1 a.
Yelva ou l'Orpheline russe, vaud., 2 a.	60
Zampa ou la Fiancée de marbre, op.-com., 3 a.	2 »
Zerline, op., 3 actes.	2 »
Zoé ou l'Amant prêté, vaudev.	60
Horace et Lydie, com., 1 acte (Ponsard).	1 »
Moineau (le) de Leubie, comédie, 1 acte.	1 »
Bourse (la), com., 5 a.	2 »
Retour (le) du Mari, c., 5 actes.	2 »